Cuando una
Mujer
Encuentra
Su Momento

Para la mujer que ha estado esperando

LISA J. DAVIS

WESTBOW
P R E S S
A DIVISION OF THOMAS NELSON

Los libros de WestBow Press pueden ser ordenados en librerías o contactando directamente WestBow Press Division de Thomas Nelson en las siguientes direcciones o número de teléfono:

WestBow Press
A Division of Thomas Nelson
1663 Liberty Drive
Bloomington, IN 47403
www.westbowpress.com
1-(866) 928-1240

ISBN: 978-1-4497-3704-7 (sc)

Library of Congress Control Number: 2012901622

Stock fotos son de Thinkstock.

Impreso en los Estados Unidos de Norteamérica

WestBow Press fecha de revisión: 01/27/2012

Para las mujeres que quieren vivir más llenas.

Contenido

Reconocimientos

Quisiera ofrecer un agradecimiento especial a Julie Armstrong. Su apoyo y el trabajo para ayudar con la traducción de este manuscrito no puede ser exagerada. Estoy eternamente agradecida por su profesionalismo, por la integridad, y por la pericia.

Yo también quisiera dar gracias a Terri y su madre. Ustedes me dieron mi comienzo.

Introducción

Y la mujer fue sanada desde aquel momento.
Mateo 9:22b (NIV)

Yo era un desorden cuando Dios me encontró; diría mejor cuando encontré a Dios. Yo no estaba buscando a Dios, lo cual indica que mi mente y mis emociones estaban en otras cosas. Yo quería ser amada, pero encontré el amor en los lugares equivocados. Yo quería conocer mi propósito, pero no tenía idea de cuales eran mis dones o si yo tenía algún talento. Yo quería ser popular. Toda mi autoestima estaba atada en ser parte de la gente y sus opiniones.

Crecí en la iglesia, lo cual hubiera pensado que yo sabría más. Sin embargo, yo no lo había entendido. Yo creía que el vivir para Dios era sólo para los domingos. Todos los demás días de la semana dependían de mí. Esa manera de pensar es lo que yo tenía, una vida que no era satisfactoria.

El evento significativo que empezó mi travesía para encontrar mi momento fue la noche de Año Nuevo de 1995. Fui a una conferencia de juventud cristiana. Quisiera decirle que fui por buenas razones.. Mi plan original fue escaparme con mi novio y regresar en el último día de la conferencia para tomar el bus que me llevaba a casa. El plan fracasó. Mi novio nunca se apareció. Esto rompió mi corazón. Pero como resultado de ello, acabé haciendo la mejor decisión de mi vida. Eso es correcto, corazones rotos pueden resultar en algo bueno. Ya que mis planes fracasaron, yo no tenía nada que hacer. Así que yo asistí a la conferencia de juventud cristiana.

Yo nunca había experimentado estar rodeada de otros jóvenes que realmente quieren vivir para Dios. Yo estaba acostumbrada a jugar, dormir, y vacilar en la filas de atrás de la iglesia los domingos. La conferencia era diferente. Esta experiencia es lo que me hacía falta.

Descubrí que Dios tenía un mejor plan para mi vida. Yo no levanté mi mano durante el llamado al altar, pero en mi corazón ocurrió un cambio. Yo no dudé de mi salvación, pero estuve en grandes dudas sobre mi estilo de vida. Yo no vivía para Dios, estuvo muy claro esa noche que tenía que aprender cómo.

Empecé a cambiar. Era como una crisálida transformándose en una mariposa. He cambiado lo que yo veía en la televisión. Comencé a vestirme más conservadora y comencé a participar en la iglesia. Yo ya tenía Jesucristo como mi Salvador. Yo tenía que darle a Dios el control de toda mi vida. Yo ya había sido salvada del infierno. Ahora yo necesitaba ser salvada de mí misma. La mujer en nuestro estudio necesitaba a Dios también.

Ella era una mujer de muchos problemas. Pero el tiempo para un cambio había llegado.

Imagínese esta mujer en la multitud. Sus ojos estaban rojos de tanto llorar. Esta fue la oportunidad para ser sanada.

Es ahora o nunca.

Hasta este momento, las circunstancias prohibían a una mujer estar en contacto con otras personas. Pero ella sabía que Jesús era diferente. La mujer tenía suficiente fe para abrirse camino a través de la multitud para llegar a Jesús. Ella pensaba en lo que le pasaría si ella fuera capturada.

La apariencia de ella fue desordenada. La mujer estaba sudando mucho. Esta mujer se acercaba más y más. Ella fue capaz de forzar su mano entre las rodillas de la gente. Ella tocó la túnica de Jesús. Ella comenzó a temblar de la emoción de alcanzar su meta de ir a Jesús. Ella no se dió cuenta de la repentina quietud de la multitud. Jesús se detuvo y preguntó:

"¿Quién me ha tocado?" Nadie respondió.

Cuando ella escuchó la pregunta, ella tenía miedo. Sus manos tomaron un lado de su vestido. Ella tuvo que decidir si ella se iría o respondía a la pregunta. En este momento de decisión, Jesús la mira a corta distancia. Ella se mueve hacia Jesús y cae en los pies de Jesús. Su corazón está latiendo fuertemente y sus labios temblaban mientras ella explicaba sus acciones. Toda la muchedumbre escuchó con atención como la mujer contó su historia. Ella había venido con un problema de sangramiento. Ella quería ser sanada.

Ella estaba llorando intensamente y ella miró el rostro de Jesús mientras El le hablaba. ¿Lo escuchó correcto? ¿Jesús llamó a ella *hija*? El miedo de la mujer desaparecen mientras Jesús le habla. Las palabras de Jesús son reconfortantes y dan paz. Al secar sus lágrimas, Jesús la levanta. Ella sabe todo está bien. Ella sonríe para decir "gracias". La mujer sale con salud y paz. (Mateo.9:20—22; Marcos 5:24—34; Lucas 8:43—48.)

¿Puede usted imaginar lo que mujer debe haber estado sintiendo en ese momento? Todo lo que ella trató antes había fracasado. Por primera vez en doce años existió la plenitud y la paz. Esta no era una paz temporal. Ella tenía cura para el resto de su vida. Ella cambió su vida *para siempre.*

¿De qué manera la mujer recibió el milagro que ella necesitaba? Jesús dijo: "Hija tu fe te ha sanado"(Marcos 5:34a). Ella estaba dispuesta a creer en Jesús que haría una diferencia en su vida. Aunque ella tenía fallas en su pasado, ella nunca consideró en renunciar como opción.

¿Qué pasa con usted, querida amiga? ¿Es su vida un desorden? Este estudio de la Biblia es la oportunidad perfecta para ayudarle a tener fe. ¿Está lista para *creer* que Jesús puede curar su situación? *¿Confía* en Jesús para darle un nuevo principio lleno de paz? Está bien si usted no puede decir sí a estas preguntas ahora. Quiero ayudarla a ser capaz de decir "sí" al fin del estudio de la Biblia. Sí, puede creer y confiar.

Esta mujer con el asunto de la sangre tuvo que convencerse de dos cosas si ella situación iba a cambiar: Jesús *pudo* curarla y Jesús *estuvo dispuesto* a restaurarla (Jeremías 32:27; Marcos 1:41). Había muchas otras personas que tocaron a Jesús ese día. Pero el toque de ella fue diferente. Esta mujer de fe consiguió la atención de Jesús. Su fe fue escrita en las Santas Escrituras. Fue tiempo para ella de ser curada.

Ella había sufrido y fue desalentada durante muchos años, pero ella esperó un cambio en su vida. ¿Qué causó que ella que creyera que Jesús iba a ser diferente de lo que ella había intentado antes? Creo que esta biografía de la Biblia tiene las respuestas que deseamos.

A través de este estudio, el espacio es provisto para separar su tiempo personal con Dios. Hay cuatro secciones separadas: *Mis Momentos Especiales, la Oración, Profundizando,* y *Confesiones de Fe. Mis Momentos Especiales* son para tiempos callados de reflexión. Utilice el espacio de diario para anotar puntos interesantes o ejemplos vivientes que conectan personalmente usted con el capítulo. *La oración* es una manera especial para usted comunicarse con Dios usando puntos relacionados de la lección. Hay el espacio provisto para personalizar su oración. *Profundizando* proporciona un pensamiento devocional para la meditación a través del día. *Las confesiones* de *Fe* le dan promesas de las Escrituras para declarar sobre su vida.

Mi oración para usted es al viajar en medio de esta multitude, estos principios de la vida le animarán a creer en Jesús para una paz permanente y libertad en su vida. He orado por usted, estimada amiga. Creo que esto será sinceramente su momento.

¡Felicitaciones!

¡Usted ha encontrado su momento de ser curada!

Principio de Vida 1

Dios tiene Tiempo para Mí

Marcos 5:24
Entonces Jesús fue con él.

La mujer se acercó a Jesús mientras estaba en el camino para ayudar a la hija de Jairo quien estaba críticamente enferma. Jairo había persuadido a Jesús para venir a su hogar para que pusiera Sus manos sobre la niña para que viviera. Jesús había acordado, y estaba caminando con Jairo, cuando fue detenido por el toque de esta mujer.

Jesús pudo haber regresado después de atender a la hija de Jairo para curar a esta mujer. Unos pocos días u horas después probablemente no habrían importado mucho para ella, pero el tiempo se acababa para la jovencita. A pesar de esto, Jesús se detuvo en el momento que la mujer lo tocó.

Que aspecto tan asombroso es el encuentro de esta mujer con Jesús: El tomó tiempo para parar por ella. El no estuvo atado por la necesidad del momento. El no tenía temor para ayudarla.. Tal vez Jesús no hubiera alcanzado ayudar a la niña enferma y esta mujer tenía urgencia.

Jesús tiene interés en la situación de cada persona. El nunca está demasiado ocupado para satisfacer la necesidad de un individuo con dolor. Puede tener la seguridad de que Jesús está preocupado por cada uno por igual sobre su situación. Usted le importa tanto a El, para detenerse en *Su* camino y satisfacer *sus* necesidades.

Mis Momentos Especiales

Reflexione sobre la voluntad de Dios para atender sus preocupaciones. Anote exactamente cómo usted se siente, lo que usted quisiera que Dios tomara tiempo para hacer por usted. La lista puede ser tan larga o corta como usted desea. Después de anotar sus pensamientos, tome tiempo para orar en voz alta a Dios.

_____

_____

_____

_____

_____

_____

_____

_____

_____

_____

_____

_____

Oración

Querido Padre, Usted es tan maravilloso. Toma tiempo sólo para mí. Usted no está demasiado ocupado para mi familia, para mi trabajo, ni para mi vida. Se interesa tanto por ayudarme. Ayúdeme a tener el toque de esta mujer. Quiero tocarle de una manera que el poder de Dios obre en mi vida. Gracias por tomar tiempo para (ore por los pensamientos que anotó). En el nombre de Jesús, yo creo que Su poder traerá cambios duraderos, Amén.

Profundizando

Jesús fue con Jairo. Jesús se detuvo para esta mujer. El tuvo tiempo para ambas. La palabra original que utilizó aquí para "Jesús fue con él" es *aperchomai* que significa irse lejos para seguir a cualquiera. En el libro de Mateo 9:19, la palabra utilizada es *akoloutheo* que significa acompañarlo. Jesús está dispuesto a seguirnos y acompañarnos en nuestros tiempos de dificultad. Esto es grandioso. Generalmente la situación más difícil puede ser la menos, nosotros encontramos a otra persona dispuesta a estar con nosotros para atravesarla.

En tiempos difíciles, estas preguntas vienen a mi mente:

"Si Dios me ama, ¿por qué pasaría esto?"
"Si Dios es amor, ¿cómo podría pasar esto por tan largo tiempo?"
"Si quiero ser curada y Dios desea que yo sea sanada, entonces ¿qué pasa?"

Mientras yo no estoy segura que si podemos comprender realmente la dinámica de esto, yo recuerdo a un ministro que se le dió esta respuesta, "La confianza requiere preguntas no contestadas." Esa respuesta puede o no puede borrar nuestras preocupaciones, pero hay un poco de esperanza para todo esto:

Dios se interesa y está en control.

Aquí está lo que podemos encontrar en la Biblia acerca de cómo Dios ve estos momentos difíciles:

> *1 Pedro 4:12* "Amados míos, no se sorprendan del fuego de prueba que ha sobrenido sobre usetedes, como si alguna cosa extraña les aconteciera."

> *Efesios 6:16* "Sobre todo, tomad el escudo de la fe,con que podáis apagar todos los dardos de fuego del maligno."

> *Juan 16:33* "Todas estas cosas os he hablado para que en mí tengais paz . En el mundo tendrás aflicción, pero confiad en mí, yo he vencido al mundo."

> *Romanos 8:31* "¿Qué, pues, diremos a esto? Si Dios está con nosotros, ¿quién puede estar contra nosotros?"

Por supuesto que algunos pueden decir que un padre o una madre estuvo allí por ellos o por un amigo íntimo. Sólo aquellos que nos aman más, están dispuestos a estar con nosotros en nuestros tiempos más grandes de necesidad. Jesús *siempre* sostendrá nuestras manos en estos momentos. Las personas que nos ayudan con lo que pueden e incluso en un sacrificio a veces de su propio tiempo, de las capacidades y de los recursos. Y así pasa lo mismo con Cristo. Con el sacrificio de Su vida en la cruz, El dispuso la paz, la alegría y la fuerza que necesitamos para atravesar cualquier situación.

Confesiones de Fe
Dios tiene Tiempo para Mí

Dios tiene pensamientos de paz para mí.
Jeremias 29:11

Cuando llamo a Dios, El me oye.
Jeremias 33:3

El Señor me libera de todos mis temores.
Salmos 34:4

Me acerco a Dios y El se acerca a mí.
Santiago 4:8

Dios me recompensa porque Lo busco.
Hebreos 11:6

Principio de Vida 2

El Dios de las Multitudes es también el Dios de Individuos

Marcos 5:24
Una gran multitud le seguía

Había una gran multitud. Pero ella todavía tuvo esperanza. Ella no fue intimidada por el tamaño del grupo. Ella no se sintió inquieta por encontrarse entre tantos. Ella fue dirigida a este Dios de las multitudes. Esta mujer supo que Jesús era también el Dios de individuos.

Jesús tenía carisma porque atraía a grandes grupos de gente hacia El. El enseñaba, generalmente, ante una multitud, alimentaba a las masas, o sanaba en medio de una asamblea —Su vida fue caracterizada por atender a las multitudes. Tuvo que irse deliberadamente a una montaña para orar y para pasar tiempo a solas con el Padre.

Aunque Jesús siempre estaba preocupado por las multitudes, una y otra vez El demostró ser el Dios de los individuos. A pesar de estar en medio de las multitudes, El encontró maneras de atender a individuos específicos—el hombre que nació ciego (Juan 9), la mujer que andaba encorvada (Lucas 13), el paralítico (Mateo 9); por mencionar sólo unos pocos. Esta mujer comprendió el corazón de Dios para las personas individuales dentro de la multitud.

Es un sentimiento maravilloso saber que cuando usted se para delante de altares conglomerados un domingo por la mañana o en un culto a mediados de semana que Dios oye cada oración individual. Los corazones que vienen delante de Su trono son separados para que los ángeles traigan respuestas a cada necesidad y deseo personales según la voluntad de Dios.

Mis Momentos Especiales

Reflexione en el corazón de su Padre para usted como Su hija. Apunte cómo usted se siente acerca del amor de Dios por usted como una mujer específica. La lista puede ser tan larga o tan corta como usted desea. Después de anotar sus pensamientos, tome tiempo para orar en voz alta a Dios.

_____

_____

_____

_____

_____

_____

_____

_____

_____

_____

_____

Oración

Querido Padre, Su amor es increíble. Cuando mira hacia la tierra, Usted me ve. Puede tomar mi voz y el llanto de mi corazón de entre todas las oraciones que vienen delante de Usted. Es tan ilimitado en Su capacidad de satisfacer las necesidades de otros y las mías al mismo tiempo. Ayúdeme a confiar en el amor que Usted me ha dado a mí solamente. Gracias por probar mi valor (ore por los pensamientos que anotó). En el nombre de Jesús , gracias por darme valor y significado a mi vida, Amén.

Profundizando

Jesús comprendió de como es sentirse presionado. La Biblia da cuatro palabras claras en los textos originales para describir esto: *synthlibo, sympnigo, synecho,* y *apothlibo.* Por definición estas palabras abarcan los significados: Para estrangularse totalmente; casi asfixiar; apretar tan duro hasta casi sofocar; apretar las uvas y aceitunas. Fue esta comprensión que ayudó a Jesús relacionarse intimamente con esta mujer. La mujer sabía muy bien lo que era sentirse presionada.

La señora tenía muchas presiones: físicas, mentales, emocionales, financieras, y de relación. Esta mujer debe haber sentido su vida asfixiada por la poca fuerza que a ella le quedaba. Si ella hubiera llevado un lema en su camiseta hubiera dicho, "estoy enferma y cansada de estar enferma y cansada."

Esta clase de fe toma valor. Jeremias 32:27 dice, "Yo soy JEHOVA, el Dios de toda carne.¿Habrá algo que sea difícil para mí?" La palabra griega para algo es *dabar* definido como palabras, negocios, ocupación, asunto. La palabra para muy difícil es *pala* definido como demasiado difícil de hacer o de comprender. La fe de esta mujer en Jesús fue un testimonio viviente. Esta mujer creyó que no había asunto en su vida que estuviera más allá del poder de Jesús o Su comprensión. A pesar de toda la presión que sintió, ella escogió creer. Esto es valentía.

La mayor parte de nosotros probablemente nos identificamos más fácilmente con el hombre en Marcos

1:40—41. El tuvo fe que Dios *podía*, pero él no tuvo la fe que Dios lo *haría*.

Esta mujer creyó que Dios puede y Dios hace. La lección que aprendemos de esta mujer es sencilla pero muy profunda. Cuando usted se siente presionada, la única respuesta que puede salvarla es de ir hacia adelante. Sea suficiente valiente para creer que Dios puede **y** Dios hace. La mujer se negó a dares por vencida y dejó el asfixio en su vida. En vez de rendirse por ser agobiada, ella insistió en ganar.

Confesiones de Fe

EL DIOS DE LAS MULTITUDES ES TAMBIÉN EL DIOS DE INDIVIDUOS

Puedo ser agobiada, pero soy recordada por Dios.
Tengo fuerza para cada día
2 Corintios 4:8—9

Estoy determinada a tener la alegría de Dios.
Santiago 1:2

Yo esperaré en el Señor y tendré valor.
Dios me reforzará y me guardará.
Salmos 27:14; 20:22

Aún cuando nada parece estar yendo correcto,
yo me alegraré en Dios porque Dios es mi fuerza.
Habacuc 3:17—19

Yo mantendré la fe. Tendré paciencia.
Tengo una herencia de las promesas de Dios.
Hebreos 6:12

Principio de Vida 3

Nunca es demasiado tarde

Marcos 5:25
por doce años

Esta mujer como muchas otras había luchado con esta situación por muchos años. Ella tuvo que aprender a vivir con su enfermedad. Ella, probablemente, fue utilizada por las mofas, chismosos, y señalada por dedos. Todavía, su esperanza no se moriría.

Todos nosotros confrontamos desafíos y obstáculos en nuestras vidas que produce enfermedad. Esta mujer tenía la enfermedad en su cuerpo. Sin embargo, puede luchar con la enfermedad en una relación, la enfermedad en un trabajo, o en la enfermedad de su niñez. Las causas de la enfermedad son interminables.

Las buenas noticias del testimonio de esta mujer son que esa tardanza no significa negación. El transcurso de largos periodos de tiempo puede ser desalentador durante épocas difíciles de la vida. Porque sabemos que ella fue una mujer, ella tendría más de 12 años de edad. Había un tiempo en su pasado que ella estuvo bien. Supo de vivir libre y deseó de tener esa libertad otra vez, sin importarle cuanto tiempo le tomara.

Hay tiempos en la vida cuando puede encontrar una situación que causa un alboroto imprevisto en la tranquilidad que usted conocía. La muerte repentina de un pariente, el descubrimiento de una relación extramarital de un marido, una caída constante a un vicio—estos tipos de circunstancias pueden traer años de sufrimiento y consecuencias indeseables. Pero siempre hay esperanza

El hecho que la Biblia registra el número de años asociados con esta situación indicó que Dios tiene presente el plazo de tiempo que usted ha estado tratando con su situación. Dios no siempre responde enseguida, pero El puede darle una esperanza duradera mientras espera. La situación puede ser desesperada. Dios le puede ayudar **en** la situación hasta que El **la resuelva**. Las tiempos cambian. Mantenga sosteniendose en la fe.

Mis Momentos Especiales

Reflexione sobre cualquier situación duradera que usted desea que Dios la sane. Anote cómo usted se siente de la paz que Dios le hace disponible durante estos tiempos difíciles. La lista puede ser tan larga o corta como usted desea. Después de escribir sus pensamientos, tome tiempo para orar en voz alta a Dios.

_____

_____

_____

_____

_____

_____

_____

_____

_____

_____

_____

_____

_____

Oración

Querido Padre, Usted es más sabio que yo. Hay cosas que suceden en mi vida que yo nunca comprenderé. Ayúdeme a creer en Su habilidad de darme fuerza diaria mientras espero cambios. Gracias por darme esperanza, (ore usando los pensamientos que anotó). En el nombre de Jesús, creo que Usted sanará mi situación en el momento oportuno, Amén.

Profundizando

La causa de la condición de sangre de esta mujer no es muy clara; pero para el mundo de su tiempo significaba que ella era impura y no apta (Levítico.15:25). Los líderes religiosos conocían las leyes con respecto a una mujer en su condición; de ser considerada una proscripta (Levítico.15:26—31).

Algunas de las repercusiones de tal etiqueta significaron que ella fuera aislada de la confraternidad dentro del lugar de adoración, dentro de los lugares públicos, e incluso las leyes que le prohibían tener relaciones sexuales con un marido (si ella tuviera uno en este momento) (Levítico.15:33). La única manera que ella pudiera haber sido purificada o podría haber sido limpiada era corrigiendo su condición. (Levítico.15:28—30).

Su sanidad no fue solo la libertad física que ella deseaba pero también las libertades social y de relaciones que cada ser humano *necesita*. Según el Diccionario Expositivo Vines, el término para su situación fue *aposunagogos* que significa sacada de la congregación; mientras lo contrario *archisunagogos*, el cual significa un gobernante de la congregación definiendo a Jairo.

Sin embargo ambos se pararon en un lugar a la misericordia de Jesús. Delante de El, ambos tenían necesidad por igual. Uno que fue rechazado y otro que fue aceptado pero ambos estaban en tiempos de dificultad. Jesús vino para calmar las heridas de cada uno de nosotros a pesar de que situaciones de vida nos hemos encontrado. En El, no hay situación demasiado grande ni insignificante para la sanidad y la restauración.

Confesiones de Fe
NUNCA ES DEMASIADO TARDE

Soy aceptada en Jesús
Efesios 1:6

No hay nada en mi vida que sea
demasiado difícil para Dios.
Jeremias 32:27

Porque busco primero a Dios,
todas mis necesidades son satisfechas
Mateo 6:31—33

Le doy mis cargas a Dios y escojo
no preocuparme; Dios tiene interés en mi vida.
1 Pedro 5:7

Escojo confiar en Dios completamente y
no inclinarme a los límites de
la comprensión humana.
Proverbios 3:5

Principio de Vida 4

Situaciones que han Empeorado, pueden Mejorar

Marcos 5:26
En vez de irle mejor,
antes le iba peor.

Cuando encontró a Jesús en medio de la multitud, ella estaba financieramente mal y en una condición más severa. Hasta ese punto, ella había tratado todo lo que hubiera sido posible. Ella fue a cada médico que podría encontrar. Ella intentó cada tratamiento. Ninguno de los procedimientos quirúrgicos funcionaron. Ninguna de las medicinas demostró ser efectiva.

Todo lo que ella trató había fallado médicamente. En el proceso, ella gastó todo su dinero buscando la curación. A pesar de todo sus esfuerzos, ella nunca encontró alivio de sus circunstancias. Y cuando pensó que no podría posiblemente hacerse peor, lo fue.

Sin duda los médicos le habían dado a ella toda clase de prevenciones y prescripciones, pero no la pudieron ayudar. Estuvo al final de sus recursos naturales. Jesús había llegado a ser su única esperanza.

En una época cuando la auto ayuda había llegado a ser tan popular, usted puede comprender porqué ella gastó todo su tiempo, los esfuerzos y el dinero tratando de encontrar una solución a su problema. Trató todo por cualquier cosa que le ayudara a aliviar el sufrimiento. Pero al intentar su manera de salir, ella todavía no había encontrado la solución.

Jesús es **la** Solución. El puede utilizar a un médico, una medicina, o un procedimiento quirúrgico; pero Jesús sólo es la fuente de la sanidad. Todo lo demás es el recurso. No está en el instrumento que escoge, pero en Jesús. Esta mujer había descubierto por experiencia que no había esperanza en encontrar una respuesta alterna, pero determinó estar en contacto con La Solución. Su curación vino por fe al creer que Dios era la respuesta.

Mis Momentos Especiales

Reflexione sobre algunas soluciones suplentes que usted haya tratado que sólo terminaron en desilusión. Apunte cómo usted se siente de Dios mismo siendo la respuesta a los problemas en la vida. La lista puede ser tan larga o tan corta como usted desea. Después de anotar sus pensamientos, tome tiempo para orar en voz alta a Dios.

_____

_____

_____

_____

_____

_____

_____

_____

_____

_____

_____

Oración

Querido Padre, Usted es irreemplazable. No hay ninguna otra solución para curar mis heridas. He tratado tantas cosas en esta vida, pero sólo Su amor satisface mi vida. Gracias por ser mi esperanza, (ore usando los pensamientos que anotó). En el nombre de Jesús , yo sé que Dios es la esperanza que no fallará, Amén.

Profundizando

La palabra para sufrido en esta Escritura es *paschō* que significa ser afectado o haber sido afectado, para sufrir lamentablemente o para estar en una situación mala. Ella no tuvo sólo una situación desafortunada, pero ella estuvo en circunstancias *muy malas*. La frase "había gastado todo" *dapanaō* significa hacer un gasto o malgastar todo. El libro de Lucas define esto como, "todo su vivir." *Bios* significa que por lo cual la vida es sostenida, los recursos, la riqueza y los bienes. No fue sólo un desorden físico que mantenía; sino que ella tenía dificultades en cada área de su vida.

Para añadir más daño para insultar, ella no sólo confrontaba con cero para sus gastos, pero su situación a través de los años llegó a ser con *cheirōn* significando lo peor de lo peor. Había gastado todo recurso hasta solamente quedarse con un estado de depression continua. Ella literalmente no tenía nada .....excepto su fe.

Leí una vez en una camiseta con estas palabras impresas en letras grandes: "Cuando Todo Falla Trata a Dios." Creo si la mujer en el texto podría escribir, la camiseta leería, "Antes de que todo falle,trata a Dios." Ella estaba en un lugar desesperado. En ese momento, Cristo llegó a ser su prioridad y ella tenía una meta en la mente: *llegar a Jesús*. El era todo lo que le quedaba.

Esto es lo que hizo su determinación contra las probabilidades que le inspiraban. Me bendice que ella se negara a permitir que las circunstancias le quiten su enfoque para estar libre. Señor permite que podamos depender continuamente en Su ayuda para no estar distraídas por circunstancias negativas, pero más bien permanecer enfocadas en las posibilidades de Dios.

Confesiones de Fe

Situaciones que han Empeorado pueden Mejorar

Dios te agradezco que aún lo que fue
Pensado para mal,
Dios puede sacar algo bueno de ello.
Genesis 50:20

Creo que las promesas de Dios
para mí son victoria y El convierte
todo lo negativo contra mí.
Ester 9:1

No hay nada que me puede separar del
amor de Dios para mí.
Romanos 8:39

Todas las cosas son posibles con Dios.
Marcos 9:23,24

Mi sendero de la vida es más
brillante y más brillante cada día.
Proverbios 4:18

Principio de Vida 5

Dios utiliza las Biografías de otras Mujeres para Inspirarme

Marcos 5:27
Cuando ella oyó de Jesús

lguien le dijo a esta mujer acerca de Jesús. Quizás ella se enteró en el momento que Jesus curó al leproso (Mateo 8), o Jesús liberó a un hombre de Capernaum de un espíritu malo (Marcos 1), o que Jesús convirtió el agua en vino (Juan 2). Lo que sea que ella oyó, fue suficiente para convencerla que había una oportunidad verdadera para la curación de ella que estaba en su camino.

La mujer estaba totalmente convencida por lo que oyó, que no perdió el tiempo para ir al encuentro de esta persona que era más que un hombre. Por Su apariencia, Jesús era sólo otro ser humano. Fue el hijo de José y María, un simple carpintero por trabajo. Pero ella vió más allá de Su apariencia terrenal y lo aceptó a Jesús como más que un hijo de hombre.

La convicción de ella causó que actuara de acuerdo a lo que ella había oído. La mujer reconoció que su momento había venido por causa de la reputación de la presencia de Jesús. El fue la respuesta que ella había estado buscando. La mujer se negó a permitir que el obstáculo de la multitud para entreponerse entre ella y el destino que esta mujer creyó era suyo.

Ella tomó una decisión de acercarse bastante para tocarlo en la parte detrás de Su capa. Aunque la sanidad viniera de Jesús, ella tenía que hacer su parte. Su participación en la curación fue de tocar la mano de El. La situación prohibía a la mujer tener derecho de aún estar en la multitud. Pero ella creyó los testimonios que había oído. Valía la pena el costo de estar allí. Ella no tenía dinero para ofrecer por Su ayuda. Todo lo que la mujer tenía era dar su fe. Y ella dio todo que tenía con su toque.

Mis Momentos Especiales

Reflexione sobre los ejemplos bíblicos del poder milagroso de Dios, los testimonios que usted ha oído de otros y de los nombres de Dios que revelan muchas facetas de Su carácter. Anote lo que usted se ha enterado de Dios. La lista puede ser tan larga o tan corta como usted desea. Después de anotar sus pensamientos, tome tiempo para orar en voz alta a Dios.

_____

_____

_____

_____

_____

_____

_____

_____

_____

_____

Oración

Querido Padre, yo quiero saber más acerca de Usted. Muéstreme lugares en la Biblia que me ayuden a "oír" más acerca de Usted. Diríjame a tener conversaciones con personas que revelen el trabajo de Dios en las vidas de personas que viven hoy. Demuéstreme cómo dar una expresión de mi fe a Usted. Déme valor a vencer cualquier obstáculo entre nosotros. Gracias por darme nueva perspectiva en quien es Usted, (ore por los pensamientos que anotó). En el nombre de Jesús, yo deseo darle lo que puedo ofrecer, Amén.

Profundizando

El libro de Marcos dice, "ella oyó" *akouō*. Lo cual significa que ella comprendió y consideró lo que le fue dicho acerca de Jesús. Esta mujer tuvo sólo suficiente tiempo para decidir si Dios podría ayudar a otra persona, El la podría ayudar a ella. La mujer actuó de acuerdo a esto y agachándose tocó la parte baja de Su bata. El hilván en la prenda de vestir *kraspedon* representó una vida llena y próspera, *tzitziyot* en Hebreo. Esta parte de la bata representaba varias cosas para ella ese día.

"Este *tzitziyot* fue un punto de contacto que necesitó para ayudarla en su liberación de su fe para recibir un milagro en su vida. ¿Qué representaron? Primero, representaron la Palabra de Dios, que es siempre el lugar donde podemos encontrar la curación para todas las necesidades en nuestra vida. Segundo, los márgenes también representaron la autoridad de Yeshua. Ella había oído que muchas personas fueron curadas por Yeshua, que El enseñó con autoridad y cuando habló, las personas fueron sanadas.

En tercer lugar, había aún más márgenes. El profeta Malaquías habló del Mesías de Israel y dijo de Dios, *"Pero para ustedes quienes temen mi nombre, el sol de justicia nacerá y en sus alas traerá salvación" (Malaquías 4:2)*. La palabra hebrea para "alas" utilizadas en este pasaje es *kanaf*, lo cuál es una palabra que significa específicamente las plumas o las orillas del ala de un pájaro, no el ala entera. Todos nosotros hemos visto un águila o el halcón que rodean en el cielo del verano y han visto cómo éstos bordean -- como plumas. Esta palabra, por lo tanto, tenía dos significados y podría traducirse alas, o los márgenes. La mujer había oído que Yeshua era el Mesías. Quizás ella recordó esta promesa mesiánica del rollo de Malaquías y pensó, si soy curada, entonces lo voy a encontrar en las alas... ¿Su *tzitziyot*? Por fe, ella lo alcanzó y tocó los márgenes y fue curada ...." (Ressler)

Significó tanto para esta mujer: la Palabra de Dios, la autoridad de Dios y las alas de Dios. Significa lo mismo para nosotros hoy en este día (Hebreos 13:8). La Palabra de Dios dice: "'Envió Su palabra y los sanó y los libró de sus aflicciones" VRV (Salmos 107:20). La autoridad de Dios: El centurión en un momento de gran fe habló de esta autoridad cuando proclamaba de Cristo, "...pero habla la palabra solamente, y mi sirviente será curado" (Mateo 8:5—13 VRV).

Las alas de Dios: "Jehová recompense tu obra, y tu remuneración sea cumplida de parte de Jehová Dios de Israel, bajo cuyas alas has venido a refugiarte" éstas fueron las palabras que Boaz usó para explicar a Rut por qué ella había encontrado favor en su vista (Rut 2:12 VRV). Que el Señor conceda a cada mujer encontrar este libro en sus manos para llevar este testimonio en su vida, de conocer a Jesús de esta manera como esta amada mujer lo hizo hace muchos años atrás. Después de todo si El lo hizo por ella, entonces El lo puede hacer por usted ahora.

Confesiones de Fe

DIOS UTILIZA LAS BIOGRAFÍAS DE OTRAS MUJERES PARA INSPIRARME

No hay acepción de personas para
con Dios. Lo que Dios hizo por
esta mujer, El puede y
quiere hacerlo por mí.
Romanos 2:11

Porque busco a Dios, El me
recompensará así como hizo con
esos ejemplos de fe en Hebreos
Hebreos 11:6

Dios curó a esta mujer,
yo sé que Dios me puede curar.
Mateo 9:22

Dios se preocupó cuando
esta señora lloraba,
Sé que Dios se preocupa por
mí cuando lloro
Lucas 7: 13

Dios perdonó a esta mujer.
Sé que Dios me puede perdonar.
Juan 8:11

Principio de Vida 6

La verdad de Dios pesa más que mi Realidad

Marcos 5:28
Yo seré curada.

Lo que la mujer había escuchado de Jesús comenzó a a hacerla pensar. Fue dirigida a creer que aún un toque "pequeño"' sería suficiente. Esta mujer interiorizó lo que alguien compartió con ella. La de de otro ahora era su propia fe.

Esta confianza permitió a la mujer pensar más allá de su circunstancia de la vida y creer en la Verdad de quién era Jesús. Nada en su pensamiento natural la podría haber ayudado a llegar a esta conclusión. En realidad, ella no era digna de estar allí. En realidad, ella estuvo prohibida de tocar a cualquier otra persona. En realidad, ella había estado enferma durante 12 años y se había empeorado. En realidad, ella ya trató todo lo que podía pensar y nada había funcionado. Pero la Verdad fue....

¡Jesús fue un Sanador y ella lo creyó! Ella no sólo tuvo la fe para atravesar una multitud ese día, sino también ella venció todas su realidades. Ella no permitió que sus circunstancias naturales determinaran lo que Jesús podría hacer por ella.

Su fe fue tan fuerte en Su capacidad de curarla que ella decidió solamente tocar un pedazo de Su ropa mientras El pasaba caminando. Algo en los pensamientos de la mujer le permitió entender la inmensidad de Su poder. Su poder fue más grande que sus realidades. Su poder no permitiría que sus realidades causaran que su toque sea ineficaz. Esta mujer determinó que Jesús fuera más que suficiente. Jesus demostró que ella tenía razón.

Mis Momentos Especiales

Reflexione sobre sus pensamientos personales con respecto a la Verdad de Dios como una fuerza mayor que las realidades en su vida. Apunte cómo usted se siente del poder vasto de Dios. La lista puede ser tan larga o tan corta como usted desea. Después de anotar sus pensamientos, tome tiempo para orar en voz alta a Dios.

_____

_____

_____

_____

_____

_____

_____

_____

_____

_____

_____

_____

Oración

Querido Padre, Su Verdad pesa más que mi realidad. En realidad yo soy indigna, pero Usted me considera digna en Cristo (Efesios 1:6). En realidad yo hago errores, pero Usted me ha llamado a la justicia de Dios en Cristo (Fiipenses 3:9). Gracias por mirarme a pesar de mis realidades, (ore por los pensamientos que anotó). En el nombre de Jesús, yo confío en Su poder que va a ser efectivo en mi vida, Amén.

Profundizando

Los pensamientos de ella abrieron su boca para suceder milagros. La palabra original para el pensamiento aquí es *legō,* que significa decir y afirmar una y otra vez. Fue esta la progresión de lo que oyó afectándole lo que pensó, el cual influyó lo que ella decía una y otra vez. Esta mujer oyó un testimonio que la puso en un lugar de esperanza. Esta esperanza abrió su boca para la sanidad. Esto implica que lo que oigo hace un impacto inmenso en mi mente y mi boca. ¿Qué ha estado oyendo usted últimamente? Mateo llama la atención específicamente que ella no dijo las palabras de forma audible, pero "dentro de si misma" (Mateo 9:21).

La pregunta más apropiada para hacer entonces, "¿Qué ha estado oyendo usted por dentro?" Las palabras son contenedores para vida o muerte (Proverbios 18:21), no hay terreno intermedio. "'Seré entero" fueron palabras de vida levantándose dentro de ella una y otra vez en ese momento esencial. Significan salvar y ser rescatada del peligro y sufrimiento y ser restaurada a la salud *sōzō.* Si la grabadora en mi mente está en negativa, yo tengo el derecho de cambiar el mensaje. A través del estudio de la Biblia, escuchando CDs alentadores, música inspiracional, o mirando el ministerio en la televisión yo puedo comenzar a oír un mensaje positivo.

Tengo que hacerme las siguientes preguntas para averiguar mi verdad sobre la realidad. *"¿Estoy dispuesta a tomar los riesgos o estoy dispuesta a permanecer tal como soy?" ¿Estoy dispuesta a luchar o estoy dispuesta a darme por vencida? ¿Creo que Dios está dispuesto y capaz o que El no lo es?* La única manera de decirlo es escuchando lo que está tocando en mi grabadora mental. Si he estado meditando en lo negativo, pensamientos derrotados, yo tengo el derecho de reemplazarlos.

Puedo permitir que mi auto llegue a ser un lugar para renovar mi vida. Puedo encender radio cristiana o escuchar sermones. Puedo encontrar un tiempo de silencio, temprano por la mañana, antes de que cualquiera se despierte en casa, para meditar en las Escrituras. A veces cambiar mi conversación o ésos con quienes yo converso puede ser necesario. Lo que sea necesario, puedo desconectar lo negativo y aumentar el volumen de esperanza dentro de mí.

Confesiones de Fe

La verdad de Dios pesa más que mi Realidad

Dios llama cosas que no son como
si estuvieran en mi vida
y yo estoy de acuerdo con Dios
Romanos 4:17

Cuando Dios habla, lo que El dice es así.
El ha hablado por la Biblia
cosas buenas sobre
mi vida como Su hija.
Genesis 1:3, 9; Jeremias 29:11

Dios llama Su propósito divino
en mi vida aún antes que yo sea,
quién yo llegaré a ser en El
Jueces 6:11, 12

A pesar de lo que toda la vida puede traer,
soy todavía más que
una conquistadora por el amor de Dios.
Romanos 8:37

Estoy de acuerdo con Dios que en mi vida
todo se inclina en el nombre de Jesús.
Su nombre me trae seguridad.
Filipenses 2:10; Proverbios 18:10

Principio de Vida 7

El Tiempo Perfecto
de Dios es Ahora

Marcos 5:29
Inmediatamente su
sangramiento paró

Su asunto fue resuelto inmediatamente. No todas nuestras oraciones son contestadas instantáneamente. Sin embargo, Dios escucha cada oración desde el primer momento que alguien le pide (Daniel 10:12). Por ejemplo, Ana oró a Dios pidiéndole un hijo. Ana no salió con el bebé en sus brazos, pero salió del templo con fe para concebir en su corazón (1 Samuel 1).

El plan de Dios para la respuesta de esta mujer fue deliberada en el instante que ella oró con fe aunque los beneficios aparecieran en un tiempo designado más tarde. La consistencia entre la respuesta de Ana a la oración y la mujer en la multitud es que Dios respondió a ambas peticiones inmediatamente, sólo que el tiempo de la respuesta fue diferente.

En el tiempo preciso que, la mujer en la multitud lo tocó, su salud fue restaurada. Esta vez, ella no estaría decepcionada como en todos los otros intentos anteriores. Esta vez, había una diferencia. Ella no regresaría a casa como había venido. Ella, finalmente, tuvo la curación que ella deseaba.

El cambio en su vida fue tan dramático que ella podía sentir la diferencia en su cuerpo. Ella no tenía que adivinar si tocando a Jesús funcionaría. Ella no tenía que intentar y tocarlo otra vez "por si acaso". Esta mujer sabía enseguida que estaba curada completamente de sus problemas.

La enfermedad no atormentaría su cuerpo por más tiempo. No solamente fue curada de los atributos físicos de su enfermedad, pero también ella fue liberada del dolor emocional de haber vivido con tal condición.

Ahora ella podía andar entre la gente libremente. Tenía realmente el privilegio de ir dentro de las puertas del templo para adorar. Sabía, una vez más, lo que sentiría ser tocada por otro. Su ropa no estaría manchada ni olería a sangre seca. La mujer estaba libre.

Mis Momentos Especiales

Reflexione sobre la seguridad de una respuesta inmediata de Dios a su oración, aunque la respuesta venga más tarde. Anote cómo usted se siente sobre el tiempo que Dios toma para responder a sus oraciones. La lista puede ser tan larga o tan corta como usted desea. Después de escribir sus pensamientos, tome tiempo para orar en voz alta a Dios.

_____

_____

_____

_____

_____

_____

_____

_____

_____

_____

_____

_____

Oración

Querido Padre, Usted oye todas mis oraciones. A veces yo sentí como si Usted no me escuchara y entonces de repente envió una respuesta mejor que la que había esperado. Usted tiene la capacidad de hacer cosas maravillosas detrás de los escenarios y en el tiempo justo viene una respuesta del cielo. Gracias por darme fe para creer en milagros inmeditaos y paciencia para esperar en Su tiempo perfecto, (ore usando los pensamientos que anotó). En el nombre de Jesús, creo que Usted sabe cuándo es el tiempo para manifestarme el milagro. Amén.

Profundizando

Esta mujer lo sintió (*ginōskō*). Ella no sólo tuvo un sentimiento fuerte sobre esto, pero ella *supo* realmente que era diferente esta vez. En el pasado, su esperanza había disminuido cada vez. Puedo imaginarme que siempre había una pequeña esperanza aunque cada vez ella tuvo que alejarse de esas experiencias sin el sentimiento que todo había cambiado. Y ahora esta mujer sintió la curación.

La palabra para curación *iaomai,* es físico pero también incluye el significado de ser libre de pecados. Esto es importante notar, porque la palabra para sufrimiento que está aquí *mastix* definió como una desgracia enviada por Dios para disciplinar o castigar.

Jesús utilizó esta misma palabra en el verso 34 de este texto. Creo que esto es muy importante porque significa que ella no sólo fue liberada físicamente pero fue perdonada.

Esto puede ser muy bien el principio más importante en el libro. Ser perdonada del pecado es ser bendecida (Salmos.32:2; Romanos 4:8). Ella sólo había venido para la curación física, pero ella también recibió un nuevo comienzo espiritual. Jesús curó el cuerpo de la mujer y lo más importante, su relación con Dios fue restaurada. ¿Cuántas veces he entrado en un problema por causa de un error que hice? No solamente necesité ayuda por las consecuencias, pero yo necesité un tablero limpio. Dios le dio a esta mujer la ayuda y también el perdón.

Dios es bueno y hace bien a Su gente (Salmos.73:1; 84:11). Yo no digo que nosotros "podemos huir con" nuestros pecados, yo comprendo que Dios es también un Padre amoroso que disciplina a Sus hijos (Proverbios 3:12). Sin embargo, yo digo que el corazón de Dios es de nunca señalar con el dedo, ni azotar el martillo. Dios nos adora y desea arrepentimiento para que podamos experimentar lo mejor en vez de juicio.

Quizás esto sea una razón clave, que ningún otro médico podía ayudar, no había ningún otro lugar para encontrar alivio físico así como el perdón para el alma de ella.

Confesiones de Fe
EL TIEMPO PERFECTO DE DIOS ES AHORA

El plan para mi vida
vendrá sin duda para pasar
y no llegará tarde.
Habacuc 2:3

El Señor no es lento con respecto
a Sus promesas para mí.
2 Pedro 3:9

Dios sabe cómo traer un
"de repente" en mi vida.
Hechos 2:2

Me pararé en la fe y la paciencia
porque confío que las promesas
están en camino.
Hebreos 6:12

Miraré a Dios.
Esperaré a Dios.
Dios me oirá.
Miqueas 7:7

Principio de Vida 8

Tengo razón para Esperar Cuando otros no Entienden

Marcos 5:30, 31
"Ves que la multitud te aprieta" sus discípulos le dijeron, "y ahora preguntas: "¿Quién me ha tocado?"

Había de repente la calma en la multitud. Jesús paró en su camino y comenzó a mirar alrededor. Los discípulos estuvieron atónitos en cuanto a por qué se había detenido repentinamente. Jairo estuvo indudablemente ansioso en por qué ellos no fueron más cuidadosos en continuar su camino a su propia hija.

Sin duda, toda la compañía que viajaba con Jesús comenzó a cuchichear entre sí. "¿Por qué hemos parado nosotros?" "¿Qué pasa?" "¿Está bien todo?" Y a pesar de la falta de discernimiento de los discípulos para las actividades del momento, Jesús preguntó, "¿Quién me tocó?"

Entre la prisa y la bulla de esta área de nucho tráfico, El estuvo seguro de ser empujado, pero alguien lo había tocado. Jesús discernió el toque por el poder que había salido fuera de El (Lucas 8:46). A diferencia de Jairo, quien había puesto su esperanza en Jesús, tocando a su hija, esta mujer había puesto su esperanza en su capacidad de tocar a Jesús.

De toda la gente que lo rozó en la multitud, sólo el toque de ella fue reconocido. La presencia de ella había sido inadvertida entre la multitud, pero Jesús sintió su toque. Sólo dos miembros de la multitud estuvieron conscientes del poder de Dios que procedió de Jesús para cambiar una vida. Esta mujer lo sintió en su cuerpo y Jesús reconoció esto con Sus palabras.

Mis Momentos Especiales

Reflexione sobre el conocimiento de Dios en sus circunstancias, aún cuando otros no entiendan. Anote cómo usted se siente acerca del reconocimiento de Dios de una fe con un toque lleno. La lista puede ser tan larga o tan corta como usted desea. Después de escribir sus pensamientos, tome tiempo para orar en voz alta a Dios.

_____

_____

_____

_____

_____

_____

_____

_____

_____

_____

_____

Oración

Querido Padre, Usted es más sabio que yo. Hay cosas que suceden en mi vida que yo nunca comprenderé. Ayúdeme a creer en Su capacidad de darme fuerza diaria al esperar en los cambios que traerá a mi vida. Gracias por darme esperanza, (ore usando los pensamientos que anotó). En el nombre de Jesús, yo creo que curará mi situación en el momento oportuno. Amén.

Profundizando

Somos socios con Dios. Esta mujer había hecho su parte, ahora era tiempo para Jesús de hacer Su parte.

El estaba tan lleno de poder, cuando esta mujer lo tocó, el poder de Jesús vino directamente a su vida. La palabra aquí para poder es *dynamis*. Esta palabra parece y suena como la palabra dinamita. Una explosión de poder entró en la mujer destruyendo la enfermedad y encendiendo una vida de plenitud. Este poder es definido por la fuerza de poder, el poder milagroso que trabaja, la influencia, los recursos y el poder consistente en ejércitos.

Esto suena definitivamente explosivo para mí. Es asombroso que en toda la multitud sólo un individuo tuvo fe para buscar la fuente de curación. Mientras parece que fue víctima de las circunstancias, reflejo adicional indica a esta mujer ser una vencedora por asociación.

Esta misma palabra *dynamis* es utilizada por Cristo al hablar con Sus discípulos poco antes de Su ascensión al cielo. "Pero recibirás ***poder***" (Hechos 1:8). ¿Cómo recibirían ellos este poder? "Cuando el Espíritu Santo viene sobre tí" fue la respuesta (Hechos 1:8). El mismo explosivo, el poder de Dios que da vida está fácilmente disponible para cada mujer de Dios. Tenemos acceso a Su Espíritu justo en nuestros propios corazones. ¡Si nosotros no nos hemos conectado a Su poder dinamita, entonces es como tener una barra de oro enterrada en nuestro patio, pero mendigamos por dinero! Una vez que nosotros sepamos cómo conseguir el oro, nosotros haríamos todo lo necesario para cavar los hoyos y nos beneficiarnos de ello.

¡Bien mi hermana, nosotros podemos llamarnos afortunadas, porque acabamos de ser ricas…. en el Espíritu Santo! Esta mujer sin nombre nos ha dado el secreto de encontrar el oro del poder del dynamis de Dios en nuestras vidas: Si solamente nos negamos a rendirnos y ponemos de nuestra parte, nosotros ganamos.

Oro al Señor que nos conceda lo que buscamos y recibamos Su vida explosiva que fluye en nuestras situaciones así como lo hizo ese día.

Confesiones de Fe

Yo esperaré aún cuando
no haya esperanza de tenerla
Romanos 4:18

Andaré por fe y no por vista.
2 Corintios 5:7

Yo esperaré por lo que yo no
puedo ver y con paciencia lo esperaré
Romanos 8:25

Tendré fe (la sustancia de
cosas que espero, la evidencia
de cosas que no se ven).
Hebreos 11:1

Vivo por fe y no me rendiré.
Dios tiene placer en mí.
Hebreos 10:38

Principio de Vida 9

Dios me ve

Marcos 5:32
Pero Jesús miraba alrededor para
ver quién había hecho esto.

Todas las personas comenzaron a mirar entre los miembros de la multitud, "¿Quién tocó a Jesús?" Todos los demás se encogían de hombros por falla de encontrar a esta persona "culpable", Jesús giró y la vió. Los ojos de ella se encontraron con Los Suyos en una mirada temerosa. Ella todavía agarraba la costura de su vestido, lista para huir de la escena. Esta mujer sabía que fue atrapada.

Jesús vio más que la ropa y ojos llorosos. Vió en ella su alma. Vió todo su dolor. Considere a la mujer en este texto. Ella había sido marcada como una persona mala por su condición. Era ilegal para ella estar en público, estar sola para tocar a cualquiera (Levítico 15). Ella debe haber sido herida físicamente y emocionalmente. El vió sus años de sufrimiento. El vió el deseo de su corazón para ser sana y aceptada. Y cuando la vió, tuvo compasión por ella.

El plan de esta mujer para recorrer por la multitud y salir inadvertida fue interrumpido. Ella no deseó de hacer una escena. Todo lo que deseó fue de ser curada. *Se suponía que nadie sabía.*

¿Qué le sucedería a ella? ¿Sería ella desterrada de la comunidad por tocar a otra persona? ¿Sería ella apedreada hasta la muerte? De repente su vida destellaba antes de que ella se diera cuenta que Alguien sabía lo que había hecho.

Mis Momentos Especiales

Reflexione sobre el atributo de Dios de -saberlo todo. Escriba cómo usted se siente cuando sabe que usted ha sido "escogida" por Dios para bien y las cosas impías en la vida. La lista puede ser tan larga o tan corta como usted desea. Después de anotar sus pensamientos, tome tiempo para orar en voz alta a Dios.

_____

_____

_____

_____

_____

_____

_____

_____

_____

_____

_____

_____

Oración

Querido Padre, no hay lugar donde yo pueda esconderme de Usted. Cuando hago lo que es correcto, Usted me ve. Cuando hago lo que es erróneo, Usted me ve. Usted se preocupa por mí siempre. Usted me mira y ve en mi corazón. Sabe lo que he hecho, pero Usted también sabe *porqué*. Gracias por saber todo de mí, (ore usando los pensamientos que anotó). En el nombre de Jesús, yo sé que Usted me entiende. Amén.

Profundizando

Jesús la vió. Me encanta eso. Significa tanto para mí saber que Dios me ve. Eso significa que Dios me pone atención.

Han habido veces que he deseado que mi marido me *vea*. Desearía que mi marido comentara de mi nuevo peinado o mi ropa. Pero mi marido pasa y él no dice nada. Entonces me pregunto si mi marido se dió cuenta de mi corte de pelo o que tenía un nuevo vestido. Y entonces hay veces que mi marido me ve y yo ni siquiera estoy tratando de llamar su atención. El me da un piropo por mi maquillaje o él se acerca a mí en la cama. Realmente disfruto de esos momentos. Me siento muy amada cuando sé que mi marido me ve.

A veces yo deseo que mi jefe me vea. Merezco esa promoción en el trabajo porque trabajé duro en ese proyecto. ¿Qué pasa si mi mamá me *vería*? Mi mamá sabría qué me duele aún cuando yo sonriera y mi mamá me podría ayudar. Me pregunto a veces si mis hijos me *ven*. ¿Se dan cuenta mis hijos de todos los sacrificios que hago para que a ellos no les falte nada? ¿No sería agradable si la gente me *viera* en realidad?

Jesús la vió.

Eido significa ver y percibir con los ojos; inclusive la definición de girar la atención de la mente y considerar lo que debe hacerse sobre el estado o la condición. Un ministro explicó una vez nuestra relación con Cristo es como una de intimidad que utiliza la frase, "En mí ve."

Es el equivalente de estar espiritualmente desnuda y todavía ser deseada. No hay sentimiento más grande de aceptación que el de ser conocida completamente y todavía ser deseada.

No hay otro lugar para experimentar este tipo de intimidad. El la vió cuando a nadie más le importó aun mirarla. La vió a ella en un punto de aceptar algunas realidades desordenadas de su vida. El vió a esta mujer en un momento que ella pensó estaba en secreto. En esa clase de desnudez vergonzosa que la vió; pronto El aceptaría todo lo que significó de todos modos.

Confesiones de Fe

Dios me ve

Dios me conoció y
me dió propósito
desde antes de mi nacimiento.
Jeremias 1:5

Estoy hecha maravillosamente
y temerosamente
porque Usted me creó
desde la matriz de mi madre.
Salmos 139:13, 14

La gracia y la paz son mías
porque soy amada por Dios.
Romanos 1:7

No es acerca de *mí*, pero *yo en Cristo*.
Yo recibo de Dios la sabiduría,
justificación, santificación,
y redención de mis pecados.
1 Corintios 1:30

Las benciones no están basadas en mí.
Son regalos de gracia.
Por gracia El me acepta.
Romanos 5:15-18

Principio de Vida 10

Alguien Necesita Escuchar mi Testimonio

Marcos 5:33
Vino y cayó a sus pies,
temiendo y temblando, y
le dijo toda la verdad.

Cuando ella descubrió que Jesús sabía quién era ella, no lo podía resistir. Ella vino delante de El y cayó a Sus pies. El ritmo de los latidos del corazón de esta mujer aumentó más rápido y más rápido mientras ella se acercaba más,sin embargo ella vino.

Una vez más, la multitud estaba callada. El se detuvo mientras ella contaba cómo había estado enferma con el flujo de sangre durante 12 años. La gente escuchó atentamente a la mujer diciendo del horror de ir de médico a medico solo para mandarla a casa en peor condición. La mujer dijo cómo había gastado todo su dinero y no le quedaba nada como esperanza, ella había oído que Jesús estaba en el pueblo. Ella sabía que. Jesús era la respuesta. El tenía que ser.

Ella no quiso hacer una escena, pero habían muchas personas. Ella sabía que habrían consecuencias si fuera atrapada tocándolo. Todo lo que esta mujer quería era de ser libre. Ella sólo quiso tocar Su dobladillo y entonces salir. Sin embargo, cuando ella tocó Su prenda de vestir, el poder que entró en su cuerpo la sorprendió. Todo sucedió tan rápido. Instantáneamente, ella supo que su sangre se había secado pero tuvo miedo de decir algo. Y cuando ella oyó que El pregunta, "¿Quién me tocó?" ella temió que fuera descubierta. Antes que pudiera correr, Jesus vió a la mujer a la distancia y se dió cuenta que ella fue atrapada.

Piense en quien estaba en la multitud ese día mientras ella forzaba soltar las palabras por los labios temblorosos. Todo los presentes oyeron su testimonio. Considere los pensamientos de ésos presentes. Algunos pueden haber dudado. Otros se pararon solamente por admiración. Pero sin duda, algunos llegaron a ser creyentes. Recuerde quiénes estaban allí, los discípulos y Jairo. Deben haber necesitado su testimonio.

Mis Momentos Especiales

Reflexione en un tiempo cuando el testimonio de alguien le haya bendecido. Escriba cómo usted se siente acerca de la capacidad de Dios para girar situaciones dolorosas y entonces utilizarlas para ayudar a otros. La lista puede ser tan larga o tan corta como usted desea. Después de anotar sus pensamientos, tome tiempo para orar en voz alta a Dios.

_____

_____

_____

_____

_____

_____

_____

_____

_____

_____

_____

Oración

Querido Padre, Usted sabe cómo cambiar situaciones malas . Cuando una situación parece ser intolerable, Usted todavía encuentra una manera para traer gloria de ello. Gracias por animarme por el testimonio de otra persona, (ore usando los pensamientos que anotó). En el nombre de Jesús, le pido que use el testimonios de mi vida para ayudar a otros, Amén.

Profundizando

Ella se cayó a los pies de Jesús (*prospipto*). Esta mujer vino y mostró humildad y el honor a Jesús ante la multitud. Insegura de lo que otros pueden pensar y sabiendo que tenía cada motivo para haberse escapado, en vez de eso, ella vino temblando y se postró a Sus pies. La palabra miedo *Phobeo,* significa que ella fue golpeada con temor, pero también trae consigo obediencia reverencial. Creo que en ese momento de temor ansioso, ella también demostró este temor reverencial a Cristo.

Es gracioso cómo el tiempo puede ir tan lento y tan rápido al mismo tiempo. Estuve en una recepción de bodas y era tiempo para que el padre-de-la-novia hable. Hizo un comentario algo referente a recordar cuando ella era sólo una bebé y pareció que él guiñó los ojos y ella se estaba casando. En ese momento, todo esos 20 años de su vida se sintió como un parpadeo.

Creo que estos poquísimos segundos o minutos para la mujer debe haberlos sentido como una eternidad para ella en este punto. Los doce años de sufrimiento habían venido todo a un alto muy brusco en ese momento congelado. Todos la miraban. Sabían que ella no estaba supuesta de estar allí.

A pesar de las repercusiones impertinentes de su vergüenza social, ella declaró a Jesús y a la multitud toda su historia. Al colocar en el suelo su vida, se paró más alta que todos ellos en ese momento. No todo lo que nos trae a nuestros puntos más bajos nos rebaja. Dios puede tomar esos puntos bajos y levantarnos sobre las multitudes.

Confesiones de Fe
ALGUIEN NECESITA ESCUCHAR MI TESTIMONIO

Aprendo de la vida de otros
y otros aprenden de mi vida.
Romanos 15:4

Mi vida es un testimonio
vivinete de la obra de Dios.
2 Corintios 3:2

Diré del Señor que es mi
refugio y yo confío en El.
Salmos 91:2

Permitiré que la luz de Dios
Brille en mi vida para que otros vean.
Mateo 5:16

Al restaurarme Dios
y me apoya,
podré ayudar a otros para buscarlo..
Salmos 51:12, 13

Principio de Vida 11

Dios Desea tener una Relación conmigo

Marcos 5:34
El le dijo a ella, "Hija"

La primera palabra fuera de Su boca fue "Hija". Jesús reconoció una relación con ella. Era una hija de Dios y El fue su Salvador. Ella debe haber estado asustada por esta respuesta. Había asumido que sería castigada, pero encontró misericordia en lugar de juicio.

Su fe hizo su pozo. No fue el hecho que tuvo fe, pero el objetivo de su fe fue la causa de su curación. Su fe en los médicos le falló. Su fe en el dinero le falló. Su fe en Jesús la **salvó.**

Jesús dió a la mujer dos objetivos para alcanzar en la fe. Primero, ella tenía que ir en paz. Ella había venido a El en confusión. Había estado enferma y cansada de estar enferma y cansada. Segundo, La mujer iba a vivir para siempre libre de su aflicción. La curación en su cuerpo era suya para el resto de su vida. Ella no tendría que preocuparse por la hemorragia que le atormentaba su cuerpo, no habría regreso de la indisposición ni los síntomas.

Finalmente ella estaba libre y Jesús lo proclamó. La multitud debe haber estado asombrada de Su respuesta. El habló tiernamente con esta mujer. El no tuvo intenciones de acusarla de nada indebido. Jesús apoyó a ella en sus acciones y la confortó con Sus palabras. Jesús había clamado a esta mujer como una hija de Dios.

Mis Momentos Especiales

Reflexione sobre su relación con Dios. Escriba cómo usted se siente ser una "hija'" del Altísimo. La lista puede ser tan larga o tan corta como usted desea. Después de anotar sus pensamientos, tome tiempo para orar en voz alta a Dios.

_____

_____

_____

_____

_____

_____

_____

_____

_____

_____

_____

_____

_____

Oración

Querido Padre, yo soy Su hija. Yo me beneficio en mi vida por mi relación con Usted. Hace una diferencia en mi vida y causa que sea bendecida por mi conección con Usted. Gracias por preocuparse por mí como su propia, (ore usando los pensamientos que anotó). En el nombre de Jesús, yo soy feliz de tener un Padre como Usted, Amén.

Profundizando

De todos los nombres que ella había sido llamada, "Hija" fue el más honorable. Después de años de ser socialmente apartada, la persona más importante en la multitud le concedió un título de bondad y aún más íntimamente, el parentesco. *Thygatēr* significa una hija de Dios que es aceptable a Dios y una que se alegra en el cuidado y la protección de Dios.

Cuando Jesús la llamó *Thygatēr* por *hija*, ella no sólo oyó una palabra de relación familiar,sino que ella supo también lo que **significó**. Y así mismo hizo la multitud. Todos sabían que aunque ella no se suponía que debiera estar allí, ella no era bienvenida en su presencia. Ella fue *aceptada* por quien era y para qué ella había venido. Ella también sabía lo que significaba que ella finalmente podía *alegrarse*. Ella, probablemente no había tenido mucha alegría en los años anteriores. ¡Estoy segura que esto vino como noticia refrescante! Ella ahora experimentaría una nueva época de cuidado y protección.

El se detuvo por ella porque asi como Jairo se preocupó tanto por su hija, así el padre celestial tenía interés en esta mujer. Esta interrupción debe haber animado a Jairo, demostrando que Jesús comprendió el corazón de un padre por una hija. Es la palabra exacta de cariño que Jairo utilizó con respecto a su propia hija (*Marcos 5:23)*.

Confesiones de Fe
DIOS DESEA TENER UNA RELACIÓN CONMIGO

Soy una hija de Dios
y El es mi padre.
Romanos 8:15; Gálatas 4:6

Me comunico con Dios como mi Padre.
Mateo 6:6

Tengo acceso a los beneficios
de la paternidad de Dios en mi vida.
Efesios 2:18

Porque creo en Dios,
como Abraham, Dios me considera
Su amiga.
Santiago 2:23

Dios piensa en mí y me visita.
Salmos 8:4

Principio de Vida 12

Sólo Dios tiene el Poder de Salvación que necesito

Mateo 9:22
Y la mujer fue sanada
desde ese momento.

No más flujo sanguíneo. No más lágrimas. No más dolor. No más rechazo. La mujer quien el Hijo la había libertado estaba libre verdaderamente (Juan 8:36). Todas sus cargas y desalientos fueron quitados en ese momento. Esta mujer vino a estar en contacto con un Jesús vivo que le dió una esperanza viva y ella salió con un testimonio vivo.

Los miembros de la multitud estuvieron asombrados una vez más por este Hombre. Cuchichearon entre sí. ¿Quién es este Hombre de Nazaret? ¿Quién es este Hombre que sana? ¿Era El un profeta? ¿Era Elias? Ellos no pudieron haber llegado a una conclusión ese día, pero salieron con fe en sus corazones que Jesús era más que un Hombre.

¿Qué tal los discípulos? Ellos estaban allí con Jesús cuando El enseñó en la montaña (Mateo 5-7). Pedro fue testigo de la curación de su propia suegra (Mateo.8). Cuando ellos tuvieron miedo en los mares tempestuosos, El calmó los vientos y las olas (Luke 8). Comió con los pecadores (Marcos 2) y aceptó a aquellos quienes sin instrucción fueron a ser Sus discípulos. Y todavía, no pudieron discernir que Su *capacidad* de ser tocado por el corazón de esta mujer.

Jairo debe haber estado animado. Aunque él estuviera decepcionado por la tardanza de llegar a su propia hija enferma, Jairo tuvo que haber sentido algún consuelo en testificar que Jesús sana a esta mujer de primera mano. Jairo no sólo había oído de Jesús, pero ahora él había tenido contacto con Jesús. El era exactamente quien Jairo esperaba ser.. El fue el hijo de hombre y el hijo de Dios (Marcos. 15:39), Jesús el Cristo.

Mis Momentos Especiales

Reflexione sobre la deidad de Dios. Escriba cómo usted se siente acerca de Dios que es más poderoso que el hombre, más poderoso que el diablo, más poderoso que las situaciones de la vida. La lista puede ser tan larga o tan corta como usted desea. Después de anotar sus pensamientos, tome tiempo para orar en voz alta a Dios.

_____

_____

_____

_____

_____

_____

_____

_____

_____

_____

_____

_____

Oración

Querido Padre, Usted es el Gran Yo Soy. Usted solo es más que suficiente. Usted es mi salvación para lo que necesito para mi vida. Gracias por ser mi esperanza, (ore por los pensamientos que anotó). En el nombre de Jesús, yo le adoro. Usted es la razón que he encontrado en mi momento de ser curada, Amén.

Profundizando

"Desde ese momento" *hōra* un cierto tiempo definido o cierto tiempo. Había un punto destinado en el tiempo para ella encontrar este momento en su vida. Quizás ella sabía las palabras de Habacuc que nos enseña , "Aunque la visión tardará aún por un tiempo, mas se apresura hacia el fin, y no mentirá: aunque tardare espéralo, porque sin duda vendrá, no tardará" (Habacuc. 2:3).

¿Cómo encontró ella su momento? Ella encontró su momento porque ella no se rindió; por lo tanto el momento vendría sin duda. En todas las lecciones que aprendemos de mirar a través de esta multitud, la lección más grande de todo es de la fidelidad de Dios a los que se niegan a parar de preguntar, buscar, y tocar a la puerta (Mateo.7:7). Le dejo con estas palabras de Lucas 18 NVI,

> [1]Entonces Jesús les refirió a sus discípulos una parábola sobre la necesidad de orar siempre y no desmayar. [2]diciéndoles:"Había en una ciudad un juez, que ni temía a Dios, ni respetaba a hombre. [3]Había también en aquella ciudad una viuda, la cual venía a él con una súplica, "Hazme justicia de mi adversario." [4]Y él no quiso por algún tiempo; pero después de esto dijo dentro de sí, "Aunque ni temo a Dios, ni tengo respeto a hombre, [5]sin embargo, porque esta viuda me molesta, le haré justicia, no sea que viniendo de continuo, me agote la paciencia" [6]Y dijo el Señor, "Oid lo que dijo el juez injusto. [7]¿ Y acaso Dios no

hará justicia a sus escogidos, que claman a él día y noche? ¿Se tardará en responderles? [8]Les digo, que pronto les hará justicia. Pero cuando venga el Hijo del Hombre, ¿hallará fe en la tierra?"

Confesiones de Fe

Dios es un amparo para mí
En momentos de dificultades de mi vida
Salmos 46:1

Soy más que una conquistadora
porque Dios me ama.
Romanos 8:37

La cruz de Jesús desarmó al enemigo
y triunfó de mi parte.
Colosenses 2:15

Dios es mi salvación.
Salmos 62:7

Me pongo la armadura
completa de Dios a diario.
Efesios 6:13--18

Una Oración para Salvación

Querido Señor, yo sé que soy una pecadora. He cometido errores y deseo que Usted me ayude. Quiero estar bien con Usted. Sé que Jesús es el Hijo de Dios. Creo que El murió por todos mis pecados. Creo que se levantó de la tumba y volverá pronto. Ayúdeme a entender mi salvación. Guíeme a una familia de la iglesia para que me amen y yo amarles recíprocamente. Ayúdeme a saber cuáles son mis dones y déme oportunidades para glorificarlo. Líbreme de mi pasado y ayúdeme a saber que Usted hace todas las cosas nuevas. Quiero estar llena del Espíritu Santo continuamente. Enséñeme cómo vivir cada día para Usted. Gracias por salvarme. Amén.

Acerca de la Autora

Lisa Davis ha servido formalmente en el trabajo del ministerio de la iglesia desde 2009, pero ha estado involucrada en conferencias y la enseñanza de la Biblia por mucho tiempo. Ella sostuvo su primera conferencia de mujeres, Los diamantes en el áspero, en diciembre del 2008, animando a las mujeres a mover "Del Hollín al Brillo." Anterior a esto, Lisa enseñó en la Escuela Dominical a los adultos como también trabajó junto con otros en enseñar durante los cultos de la iglesia para jóvenes. Lisa ha sido una maestra frecuente para los estudios bíblicos entre semana y ha sido una oradora solicitada para cultos de oración en desayunos y retiros de mujeres. Actualmente ella trabaja en educación, en la cual ella ha sevido a familias en ambientes de escuelas públicas y privadas por más de once años. Ella reside en Texas con su esposo, Michael y sus dos hijas.

Este libro está también disponible en inglés.

Bibliografía

Blue Letter Bible.http://www.blueletterbible.org/index. cfm. Lexico de Hebreo-Griego.

Ressler, AJ.*Under his wings* http://www.therefinersfire.org/ tallit.htm. 21 de marzo 2006

Vine, W. E. *Vine's Diccionario Expositorio de Palabras del Antiguo & Nuevo Testamento*. Thomas Nelson. Nashville, TN 1997.

Printed in the United States
by Baker & Taylor Publisher Services